AF503294

SONATINES D'AUTOMNE

DU MÊME AUTEUR

ELEUSIS, CAUSERIES SUR LA CITÉ INTÉRIEURE, 1 volume..   3 fr. 50

PARAITRONT

COURONNE DE CLARTÉ, roman féerique.

LA PRINCESSE SAPPHO, drame.

ALBUM DE FANTOMES, proses.

MANUEL SUR LA FAÇON D'ENVISAGER.

HYPOTHÈSES.

INTRODUCTION A UNE MÉTAPHYSIQUE DES NOMBRES.

Ye
3806.

CAMILLE MAUCLAIR

—

SONATINES

D'AUTOMNE

PARIS

LIBRAIRIE ACADÉMIQUE DIDIER

PERRIN ET Cⁱᵉ, LIBRAIRES-ÉDITEURS

35, QUAI DES GRANDS-AUGUSTINS, 35

1895

Tous droits réservés

CAMILLE MAUCLAIR

SONATINES D'AUTOMNE

PARIS

LIBRAIRIE ACADÉMIQUE DIDIER

PERRIN ET C¹ᵉ, LIBRAIRES-ÉDITEURS

35, QUAI DES GRANDS-AUGUSTINS, 35

1893

Tous droits réservés

A

ROBERT SCHEFFER

SONT DÉDIÉES

EN AMICAL TÉMOIGNAGE

CES

MÉLODIES OUBLIEUSES

On trouvera dans ce recueil des notations
sentimentales, des lieds, des historiettes vio-
lentes et étranges, et, parfois, presque tout
simplement des sanglots : de petits poèmes
n'ayant guère plus de raisons d'être qu'un fris-
son ou un sourire, et s'en contentant pour exis-
ter. S'il m'était permis d'invoquer pour ces très
simples choses l'exemple et la tutelle d'un génie,
je ne consentirais à nul autre mieux qu'au
Schumann des *Novelettes*. Et je m'inquiéterais
de voir chercher à tout ceci plus de cohésion
qu'aux jeux mêmes et aux balbutiements du sen-

timent : car « de la littérature », ce sera dans. d'autres livres, les formes du vers m'ont été in-différentes, il n'est ici question que de faire un peu de musique...

Un homme se joue de petites sonates à lui-même, dans la nonchalance de l'automne.

LIEDS

Je viens vers toi, ma sœur, comme vers une eau
Et mon rêve se plaît aux iris de tes cils : [calme,
Pèlerin désireux de l'accueil de ta palme,
Mon renouveau veut s'embaumer à tes pistils.

Mes âmes de jadis montent des solitudes
De tes yeux transparents où boivent mes oiseaux,
Et tes mains sont les lys jumeaux des quiétudes
Que j'espérais parmi mes stériles roseaux.

Longtemps j'ai vu mourir les colombes trop frêles
Que mon cœur essorait tremblantes vers le nord :
Mais je retrouve enfin le songe de leurs ailes
En tes tièdes cheveux où l'automne s'endort.

O ma pauvre beauté! mes prunelles brûlées
Du désert de l'orgueil et du soleil cruel
Vers le timide azur des tiennes sont allées
Cueillir à tes iris un souvenir de ciel!

Je viens à l'heure chaste où les fruits du silence
Pendent des espaliers du désir, et, fiévreux,
Je demande à tes yeux la fraîcheur d'une absence
Où puisse s'apaiser mon fantôme peureux,

Puisque j'ai su l'ivresse inutile des treilles
Avant de me mirer en ta froide clarté,
Et que tes cils fleuris sur des eaux nonpareilles
Recèlent seuls, ma sœur, une sérénité.

O mon amie, je vois trois anges dans vos yeux.

Trois anges sur la mer profonde de vos yeux,
Perdus les trois anges

Sur la mer étrange de vos yeux,
Perdus les anges merveilleux :

Et leurs ailes comme des voiles blanches,
Et comme des oiseaux les anges.

La mer est bleue et grise et le soir tombe
Sur la mer profonde,
Et les anges dans vos yeux, et les trois anges sur la [mer,
Vont pacifiques comme des voiles
Avec leurs ailes de lumière,
Perdus les trois anges
Sur la mer étrange.

O qu'ils sont beaux les doux voyageurs,

En calme, en mélancolie et en folie,

O qu'ils sont beaux les précurseurs

De vos trois âmes, ma sœur,

Mais égarés comme des symboles

Attendant qu'on les recueille sur la mer,

Comme des voiles folles

Dans le vent amer.....

                              [t-elle,

O la mer de ces deux grands yeux, jusqu'où va-

O la côte où l'on se repose, où donc est-elle,

O mon amie, et les trois anges, où vont-ils ?

Il t'aimera comme un pays de solitude
Où son rêve défaillira jusqu'à mourir :
Tu seras son paysage de quiétude,
Tu seras le miroir clément de son désir.

L'or seul de tes cheveux sera son crépuscule,
Tes lèvres seules fleuriront tout son verger,
Tes mains seront l'espoir de son âme crédule
Si tes frêles sanglots l'élisent leur berger.

Il viendra vers ton cœur comme vers une étoile,
Et le lac de tes yeux l'arrêtera longtemps ;
Toute sa nuit voudra dormir selon ton voile,
Et ton silence lui figurera le temps.

O fruit d'après-midi. parfum, femme aux yeux
L'héliotrope de son cœur te chérira :   [tièdes !
Pensive gardienne de ses chers remèdes,
C'est vers toi que sa lente extase montera.

Un soir tu l'entendras dans l'ombre violette
Chanter bas la chanson du cueilleur de baisers,
Et tu seras le simple calice de fête
Qui naît fragile dans les buissons apaisés.

Et tout sera connu de la nuit primitive
Et tous les yeux de la Bonté seront sur vous
Pour étoiler la Fiancée inattentive
Et l'Amant grave de ce mystère très doux.

Vous mènerez la vie heureuse des corolles,
Vous ne saurez que la tristesse des roseaux,
Vos jeux amuseront les aurores frivoles,
Et vos sourires seront comme des oiseaux.

C'est ainsi qu'il viendra t'aimer selon le calme

Et confondre en ton sein lui-même et son reflet :

Ce sera l'annonciation d'une palme

Sur ce front que la ronce éternelle cerclait.

Ce sera la candeur des lys

Dans un paysage de silence

Où du ciel s'éteindra l'opulence :

Nous verrons aux horizons pâlis

Votre apparence, presque un rêve,

Mystérieuse qui se lève :

Vous viendrez à pas lents,

Sur nos fronts vos doigts blancs

Fleuriront la lumière,

Et vous balancerez votre chevelure de soie

Douce dans la nuit claire.

Avec tes cheveux blonds frisés,
Avec ta bouche plissée,
Avec tes cils baissés lentement sur tes prunelles,
Tu as l'air d'une petite fiancée,
Pour rire, vraiment, pour rire.

Tes mains menues
Avec leurs gestes maladroits,
C'est drôle et terrible à la fois
Tes mains maladroites et nues.

Ça fait des choses gentilles,
Ça joue aux menottes,
Ça tapote des notes qui pétillent,
Et puis ça chiffonne des mantilles,
Pour rire, vraiment, pour rire.

Et puis alors c'est une œuvre de luxure,

De rite obscur et de lenteur sûre,

Une œuvre ténébreuse et somptueuse

Où tu te pâmes jusqu'au sang et jusqu'au délire :

Est-ce pour rire, ah ! dis, pour rire ?

Tu m'as dit :

Mon âme, un pays maudit

Où coule une onde étrange,

Avec des lauriers et des asphodèles

Au fil de l'eau qui s'échevèle.

Tu m'as dit :

Mon âme, un firmament interdit,

Un ciel étrange,

Où flottent des plumes de cygnes :

Et de grands éclairs y font des signes.

Et puis, me dis-tu, mon âme,

Mon âme est une mer

Où crie un peuple d'alcyons...

Tu m'as dit aussi :

Cette âme, un jardin mort ;

Je sens qu'il ne fleurira plus rien ici.

Et tu m'as confié sur ton ombre et sur ton sort

D'autres tristesses aussi.

Mais moi, j'ai lu dans tes prunelles de souci

Que ton âme, c'était bien autre chose encore.

Le soleil gisant dans l'après-midi fade
Jaunit les vieux meubles de noyer ;
Ah ! comme nous allons nous ennuyer
Avec cette lumière malade.

Nous ne les avons jamais aimées,
Ces amusettes du dehors :
Nous nous faisons à nous-mêmes nos décors,
Et nos impudeurs y dansent en almées.

Le ballet des incertitudes
Voilà qu'il va se dérouler encor :
On n'aura donc jamais de quiétudes,
On ne sera donc jamais d'accord ?

Nous voudrions la raison des choses

Pour nous conduire à peu près bien :

Se plaindre qu'il n'arrive jamais rien,

Est-ce que c'est cela les névroses ?

On n'a qu'à contempler, on s'ennuie,

On ne tient à rien, tout est déjà fait :

Et puis quand tout semble s'être défait,

On a l'âme pleine de pluie.

Il faudrait pourtant sur ce front

Mettre un peu d'ordre, ou bien alors de la folie :

Car enfin pensez-vous que c'est le vin et puis la lie

Ou des attouchements qui nous consoleront ?

Les pâles Heures sous la lune
En chantant jusqu'à mourir,
Avec un triste sourire
Vont une à une

Sur un lac baigné de lune
Où avec un sombre sourire
Elles tendent, une à une,
Les mains qui mènent à mourir.

Et certains, blêmes sous la lune
Aux yeux d'iris sans sourire,
Sachant que l'heure est de mourir
Donnent leurs mains une à une,

Et tous s'en vont dans l'ombre et dans la lune

Pour s'alanguir et puis mourir,

Avec les Heures, une à une,

Les Heures au pâle sourire.

Dans notre maison nous restons assis
Moi comme un pèlerin, toi comme une étrangère,
Vraiment, ma douce, comme si
Nous étions intrus sous ce toit solitaire.

Et c'est tellement, cependant,
La maison de la tristesse ici
Que nous sommes sûrement
Chez nous, ma chère voyageuse.

Nous restons tous les deux tremblants
Au fond de l'ombre doucereuse,
Et vaguement tes voiles blancs
Indistinctement
Te font immatérielle et visible...

Allons! notre lampe! il n'est pas possible
Que nous ne soyons pas chez nous ici :
Mais, — as-tu peur de la lumière aussi... ?
Je devine que tu deviens pâle...

Alors, si nous avons peur de tout,
Nous ne serons jamais chez nous !

Je ne sais pourquoi
Nous n'avons pas choisi notre vie :
Il fallait qu'il y eût quelque envie
Dans l'âme de quelque roi.

Qu'est-ce que cela importe,
Une destinée ou bien une autre?
Mon Dieu, comme c'est peu la nôtre,
Ce vent d'automne qui nous emporte !

Qu'est-ce que cela pouvait faire
Que fût pour nous la moins lamentable?
Il fallait bien qu'elle échût à la table
De quelqu'un dans cette étrange affaire.

Destinée éparse et morose,
Une flânerie, une querelle, et toujours ainsi :
Pourquoi nous avoir faits ceci ?
Nous aurions bien pu être autre chose.

La route était blanche de lune,

Oh ! comme nous avions froid !

Les peupliers se tenaient tout droits,

Et se hérissaient dans la brume.

Oh ! que nous étions petits,

Comme nos pas faisaient du bruit!

Nous nous en allions presque à tâtons

Et en passant près des étangs

Nous étions tout haletants.

Tu te souviens comme il faisait froid ?

Les arbres avaient leurs feuilles

Bien vertes pourtant, et je crois

Que dans la journée il avait fait grand soleil ;

Mais, nous étions en deuil
Et puis nous avions un peu peur
Et les cils nous battaient sur l'œil...

Il nous semblait que dans les champs
Se tenaient cachés des gens méchants :
Tu avais des yeux extraordinaires,
Et tu balbutiais : Dis, en nous dépêchant,
Nous fuirions peut-être le mystère ?...

Tout droits étaient les peupliers feuillus
Comme s'ils gardaient un tombeau,
La route n'en finissait plus,
Nous nous sentions tout à fait perdus...
Les ombres s'allongeaient une à une.

Tu me dis : Oh ! nous sommes seuls
Comme des morts dans leurs linceuls,

C'est terrible, cette brume...

Ma pauvre âme, dis-je — et puis rien,

Tu t'en souviens? et nous nous tûmes...

La route était blanche de lune.

Éplorant les violons

De notre âme au désespoir

Que nous abandonnions

Aux défaillances du soir,

Alternant d'une voix frêle

Cette musique indécise

Que berçait d'un souffle l'aile

Exquise de quelque brise,

Légers comme l'éventail,

Fanés comme le bouquet,

Pâmés comme le vitrail

Du crépuscule inquiet,

Automne ! en toi nous rêvâmes,

— Le ciel nous faisant des signes,

Le chaste exil de nos âmes

S'endormir avec les cygnes.

Les mains lentes sous la lampe
Jouant avec les reflets
Tressent d'invisibles guirlandes
De songeries et de regrets.

La dentelle des brodeuses
Enlace leurs âmes aussi,
Et dénoue une trame heureuse
En fleurettes de souci.

Vers une fenêtre endormie
Sous la lune du clair jardin
Voltigent les câlines mains
Sous la lampe épanouie,

Et leur fragile volonté

Croise d'un jeu soudain tragique

Le fil d'anciennes destinées

Sur leurs ongles ironiques.

L'été scella des promesses étranges,
On est fidèle à des fleurs inconnues,
Et l'on contemple s'en aller en songe
Des joies qui ne sont peut-être pas venues.

Elles s'en vont leurs deux mains élevées,
Pâles dans l'exil tremblant du chemin,
Et pure bague en l'oubli retrouvée,
Je fiance ma tendre âme à ces mains.

Ma tristesse, je veux prendre les tiennes
Et songer profondément dans tes yeux,
Pour voir si ta solitude ancienne
Ne s'attendrit pas de ce soir un peu.

Mais tu t'ériges dans le crépuscule

Exquise comme un désir de pleurer,

Et peut-être es-tu dans ce cœur nocturne

La seule épousée à s'éterniser...

Joignons nos lèvres au fond du silence.

Sous le chaste dôme aux pardons élus,

Et le ciel fleurira notre alliance

Des larmes d'or qui ne couleront plus.

Une douceur et puis une lenteur
Et puis un geste caressant qui descend
Sur la moiteur
De mon front,
C'est votre main sur ma tristesse posée.

Une musique fleurie,
Et puis une nostalgie inassouvie,
Une musique de douleur inapaisée,
Sur les fibres de mon cœur triste
C'est votre voix comme une oiselle posée.

Une lueur de diamant

Au fond d'une eau froide et claire,

Une améthyste qui s'éclaire

Au reflet de mes yeux mornes,

C'est votre prunelle sur la mienne...

Mais votre bouche de sang et de crépuscule

Sur ma bouche de crépuscule et de sang

Ah! c'est ton âme toute

Sur la mienne comme un chrysanthème posée.

Tu as tant regardé les étoiles
Qu'ils en sont pleins, tes yeux :
C'est des sables, c'est des feux,
C'est de l'eau glacée et pâle
Avec des bijoux bleus.

C'est des paysages étranges,
Des voies lactées, des colliers, des symboles :
Et puis cela change,
Et puis c'est des pierreries folles.

Tu es bien heureuse
De prendre avec tes cils les étoiles du matin :
Tu en as plein tes prunelles,
Belles comme les prunelles des catins.

Donne-moi tes yeux sous mes lèvres,

Pour boire cette eau bonne pour ma fièvre,

Avec les reflets d'étoiles dedans :

Ah! puis, tiens, donne aussi tes lèvres

Et tes dents froides dedans.

Quelque chose de très grand et de très doux
Descend lentement en nous :
Quelque chose de très doux et de très fier
Comme le crépuscule, la neige ou la mer
Descend dans mon cœur amer.

O chère âme, est-ce une aile
Effeuillée en pétales frêles ?
Dis, mon cher cœur, est-ce un amour
Triste dans le grand jour
Mais vermeil dans la nuit,
Qui tombe ainsi sans aucun bruit ?

Qu'est-ce qui neige,

Qu'est-ce qui tombe dans notre âme ?

Dis, qu'est-ce qui tombe des cieux

Dans notre âme qui se pâme ?

Quelque chose de très grand et de très doux

Comme le paysage de tes yeux...

O chère âme, ce sont des larmes,

O mon cher cœur, taisons-nous.

L'œil clair du soleil sur notre faute
Offensa nos deux âmes, ma sœur :
Nous méconnûmes trop la douceur
De rester dans l'ombre côte à côte.

L'oubli de soi, que notre âme veuve
Cherchait dans le paysage mort,
Ne fut permis à nos vieux remords :
Nous ne boirons jamais à ce fleuve.

Restons avec nos cœurs, seuls ensemble,
Restons avec ces pauvres enfants.
L'ivresse des midis triomphants
Profane leur pureté qui tremble.

La nuit, Isis des âmes flétries,

Recèle pour nos cœurs accablés,

O ma sœur pure aux noirs yeux troublés,

Une tristesse de pierreries.

Mon cœur s'endort
D'avoir battu si vite :
Mon cœur s'endort
Tu pleures trop fort.

Ah ! pleure moins fort,
Plus doucement encore,
Que je n'entende dans la chambre
Ce vent de novembre,

Mais seulement le sanglot
Du flot qui halète vers le flot
Frêle d'une fontaine sous la lune...

Larmes, tombez, l'une après l'une,

Mon cœur s'endort

D'avoir battu si fort :

Larmes tombez, larmes tombez moins vite,

Mon cœur s'endort, pleure moins fort.

O triste la chanson falote

Que tu sanglotes,

O triste, triste la chanson :

L'ombre monte dans la maison...

Mon cœur s'endort

D'avoir battu la fièvre,

Mon cœur est mort de battre si fort :

Taisons-nous tous les deux dans les ténèbres.

Mon Dieu ! l'ombre est insuffisante,
La poussière est insuffisante,
Le silence est insuffisant
A ternir la luxure de mon âme.

Le ciel de décembre,
La tristesse de la chambre,
La chair nue de mon désir s'y cambre,
Pour charmer la luxure de mon âme.

Le crépuscule de sang,
Le froid stérilisant,
Le brouillard caressant et malfaisant
Attisent la luxure de mon âme.

La laine pure d'où souriante émerge
L'innocence de la chair vierge,
Et cette chair idéale du cierge,
Délectent la luxure de mon âme.

Où voulez-vous, vers quels horizons,
Que je cherche à tâtons,
Mon Dieu ! la croix de vos expiations
Pour crucifier la luxure de mon âme ?

La treille de mes souvenirs
Penche sur le seuil de mon âme :
Maison triste, âtre sans flamme,
Et nulle aube ne va sourire.

Compagne de ma vie au soir,
Chère Insomnie aux yeux tranquilles,
A l'espalier jamais stérile
Cueille ces fruits de ma mémoire.

Les yeux des lampes se sont clos,
Nul ne passe sur le chemin.
Consacre avec tes pâles mains
La floraison de mes sanglots.

Et triste, et souriante un peu,

Cueilleuse de mélancolie,

Tiens-toi devant mon agonie

Avec ces fleurs dans tes cheveux.

Puisque, lente au mystère onduleux de ton voile,
Tu portes à ton front le regret d'une étoile,
Puisque tes longues mains savent bercer la palme
Invisible et sacrée aux fièvres qu'elle calme,
Puisque la charité perle sous tes paupières,
Je te dédie un pauvre enfant mort sans prières.
Né, dans l'égarement près de la lampe éteinte,
Cette nuit immémoriale ! de l'étreinte
D'un homme brusquement rué sur la Chimère,
Il n'a baisé les seins de sa mauvaise mère,
Et, ses doux yeux remplis d'une horreur inconnue,
Il est mort, dans l'aube livide survenue.
Hélas ! je suis le père, et mes mains sur lui closes
N'ont pu cueillir pour lui la prière des roses.

Hagard, et chancelant encore de ce rêve,

O ma sœur, prends pitié de celui qui se lève

N'ayant pour souvenir du baiser taciturne

Que cette chair vouée aux tristesses de l'urne.

Et tandis que j'implore en le ciel solitaire

L'ombre de l'Aile immense où j'étreignis la mère,

Silencieuse amie où ma douleur s'exile

Enlinceule ce fils de mon songe inutile.

Je suis ébauché ce soir
Par des mains heureuses
Qui prennent mon cœur
Avec lenteur
Et le font si frêle et si puéril
Que le désir des pleurs
Tremble au bord de mes cils.

Mais il y a tant de silence
Que je n'ose pas pleurer,
Mais il y a tant de somnolence
Que je n'ose pas rêver,
Seigneur ! il y a tant de magnificence
Que je n'ose pas exister !

O je suis comme une eau dormante,

O je suis comme une feuille oubliée

A la brise où l'octobre aux cheveux d'or lamente,

Triste des cygnes et de toute la rosée.

Je décrète l'horreur de tout rêve à ma lampe.
O nuit, dont quel génie ayant étreint la hampe
Claque en plis furieux sur mon âme la moire,
Je ne veux point marcher sous ta bannière noire,
N'ayant su, compagnon débile de corsaires,
Voler assez de songe aux vergers séculaires.
Chancelant dérobeur effaré d'oriflammes,
Je reviens sans butin du pillage des âmes,
Ombre ! t'ayant peut-être extorqué la mienne
Parmi l'amas obscur d'une erreur ancienne. [vides
Oui, seul des conquérants je reviens les mains
Du seuil pourtant franchi des aubes de Florides.
Cette mer dont l'exil, sous le ciel qui la dore,
Diapre au loin mille sourires de phosphore,

J'y ai bondi ! Mais j'ai trop aimé les étoiles

Pour rapporter à l'ombre étrange de mes voiles

Autre chose que leur reflet dans ma mémoire :

Et pour cela je te supporte encor, nuit noire.

O palmier ! Je détache de toi ma liane,

Et le fruit de tes dents a fatigué ma faim :

Je m'abstiens de la pulpe étrange et diaphane

Que sent fondre ma lèvre aux baumes de ta main.

Ton jeune sein ne berce plus à mon oreille

L'exil magnifique de la mer, et tes yeux

N'orientent leur eau dormeuse et nonpareille

Au mirage de mon exode soleilleux.

Voilà que mon désir du seul puits du silence

Me fait craindre le vin fécond de ton baiser,

Et qu'ayant desséché l'urne de somnolence

Je connais que ma soif ne s'en peut apaiser.

Assez longtemps j'ai treillagé ma rêverie

Au marbre princier des chairs où tu t'abstrais :

L'espalier se dénude et la grappe est sûrie,

La mousse de mon cœur te stériliserait.

O mon crépuscule oriéntal ! Vers des landes

Mélancoliques où vous serez mon soleil,

Je veux tresser de longs souvenirs de guirlandes

Pour en parer l'illusion de votre éveil.

Et j'y savourerai le paysage énorme   [subtil

De vos doux yeux, pour qu'au fleuve du spleen

La frêle qui se plaint au fond de moi s'endorme,

Indolente comme un nénufar en exil.

NARCISSE

(*Fragment*)

(Fragment)

Un jeune homme pâmé sur son sourire :

                                     O lèvres !
Fleurs du cristal glacé s'embrasant pour mes fièvres,
Je vous aime, penché vers vous et loin de vous,
Comme moi-même épars en moi-même ! Il m'est
Et mortel de songer à la pourpre qu'effleure [doux
Ma bouche reflétée où mon âme s'épeure !
Longtemps ce rêve étrange et profond a germé
Dans mon cœur, d'une fleur en qui j'aurais aimé,
Ame pâle émanant de l'ombre svelte et nue,
La certitude de ma forme enfin connue,
Et dont l'étreinte enfin, alliant les frissons
Par mon ardeur d'enfant cueillis aux horizons

Eût joint, pour mon désir adorant sa souffrance,

L'énigme du baiser à celle de l'absence.

Et te voici, fleur exorable, m'exaucer

Et vers moi, du fond de l'onde obscure, hausser

Ton mirage lointain et tes présents airs mièvres,

Fleur impalpable, rose ardente de mes lèvres !

Et je goûte, en ta froide pourpre en le cristal,

L'ivresse où mon désir sourit au vœu fatal

De son enfance impolluée, et songe, et s'aime

En ce calice qui se mire...

                Et c'est toi-même,

O toi ma bouche inassouvie et sans espoir

De briser ce cristal implacable, et d'avoir

Sous ta brûlure une brûlure de pétales !

Ah ! pourquoi dédaignai-je les vierges natales

Et le repos dans des yeux clairs et des cheveux,

Et pourquoi dans la solitude, ô mes aveux !

Dédaignai-je d'aimer le rêve d'une autre âme

Que la mienne éparse à tous les vols de la flamme,

Et pourquoi, pourquoi n'ai-je voulu m'éblouir

Qu'au mirage de mes prunelles, ne jouir,

Dérisoire Jason d'une toison menteuse,

Que du trésor de cette chair aventureuse

Et de cette âme où seul subsiste, emmi la mort

Du soir et du vestige de moi, l'âpre essor

Au néant où tomber ma bouche sur ma bouche ?

O reflet ! Illusoire soir où je me couche

Et d'où, fluide, ce cristal bannit ma chair

Dans la chute divine et morne du soir clair,

Irradie un exil de moi-même vers l'ombre !

Oui, j'y veux retrouver le secret vaste où sombre

Parmi l'effroi de ma jeunesse et de mes vœux,

Cet amour, grand comme la mer, et dont je veux

Embaumer au suprême souffle de mes fièvres

Cette fleur idéale !

     Pourtant, ô mes lèvres,

Vous êtes belles, je vous aime en ce cristal !

Vous y régnez parmi les fleurs du sol natal,

Calices déliant vos courbes assagies

Dans mon âme, sonore écho des nostalgies,

Vous régnez, exaltant l'encens des lendemains,

Et mes yeux demi-clos vous aiment, et mes mains

Suppliantes font fuir aux frissons de l'eau morne

Le reflet embelli de vous, et je vous orne,

Par mes paroles de prière, d'un éclair

Fugitif de dents brillantes, pistil si clair

Que vous semblez sourire dans cette onde où pleure

L'or maladif pâlissant la pourpre de l'heure...

Je vous aime, et vous semblez sourire ! Et pour-

L'implacable miroir me bannit, et heurtant [tant

Ma lèvre ardente, il la glace, brisant vos roses,

Et je plisse ma bouche en le vent, et, moroses,

Les aromes des bois seuls me viennent frôler,
Et l'ombre tombe, et je meurs de vous contempler,
Mes lèvres !

        O dieux puissants ! je m'aime, je m'aime !
Toutes les voix, et les éclairs du diadème
Nocturne, et tous les ors de l'aurore, et les vœux
Des cœurs solitaires, les chants et les aveux
Dont s'enguirlande, des monts sacrés jusqu'aux
                                    [plaines,
En des rythmes de thyrse et des ris de fontaines
La terre harmonieuse où je lamente au soir,
Tout naît en moi, tout y expire ! Et je crois voir,
Au frisson adoré de mes cils clos, le monde [onde,
Disparaître au couchant de mes yeux sur cette
Ou renaître, docile à mon cœur ! J'aime en moi
Cette magnificence et cet ardent émoi
De crier au grand ciel le néant de tes voiles,
Isis ! et de chérir les futures étoiles,

Et vous adorant tous en moi, je suis l'Amour

Éternel!

　　　Mais, hélas! parmi la fin du jour,

Un cristal trop jaloux te refuse à ma bouche,

Fleur de mes lèvres, reflet où ma main ne touche

Qu'un trouble puéril d'onde enfantine. Et seul

J'écoute sangloter en son chaste linceul

Où tressaillit jadis l'espoir d'un plus doux songe

Cet être 'ont je meurs d'adorer le mensonge.

Des fleurs se lèvent, vont vers moi, nimbent mon

Liliales sous l'ombre impalpable, et le fond　[front,

De ma pauvre âme où du silence se module

S'emplit d'un somnolent et triste crépuscule.

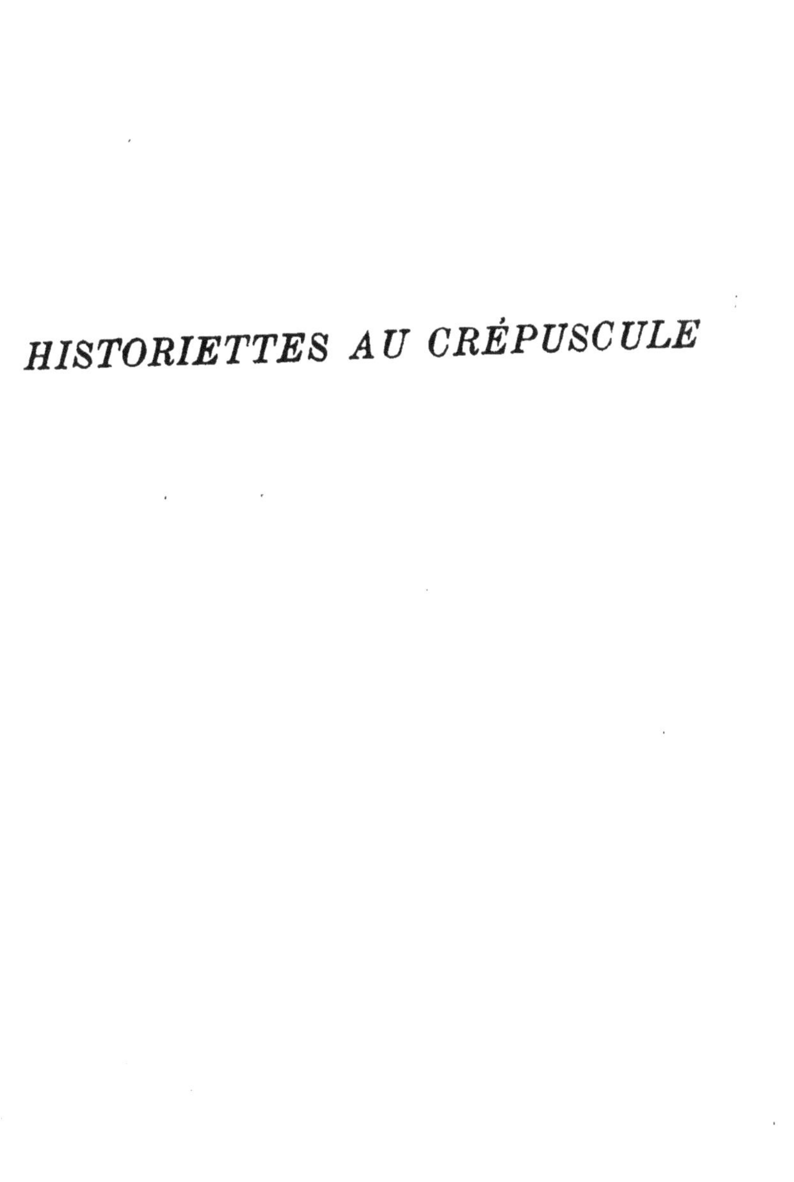

HISTORIETTES AU CRÉPUSCULE

Si tu vas vers le Nord,

Tu rencontreras des anges

Avec de grandes ailes d'or :

Si tu vas toujours vers l'Est,

Tu rencontreras des porteurs de palmes

Avec des fleurs, des oriflammes et des armes :

Si tu vas vers l'Occident,

Dans la douceur du crépuscule viendront vers toi

Des courtisanes aux cheveux ardents :

Et si tu vas vers la tiédeur du Sud,

Tu croiseras des alchimistes et des prêtres,

Merveilleux désireurs de solitudes :

Mais si tu demeures immobile

Avec un calme farouche,

Tu verras naître un fantôme immobile

Qui tiendra un doigt sur sa bouche.

Il y a la première

— Parmi les trois filles du chemin —

A qui l'on prend les deux mains,

Et on lui dit : O ma chère

Luxure, comme tu es belle !

Il y a la seconde

— La seconde est encor plus belle —

On la regarde dans ses prunelles profondes

Et on lui dit : Tes prunelles,

Tristesse ! comme elles sont extraordinaires !

La dernière est tout à fait étrange

— Il y a la dernière —

On lui dit en jouant avec ses cheveux :

O ténébreux ange,

O Mélancolie,

Peut-être la plus jolie...

Mais, quand on les a contemplées toutes les trois,

Il y en a une autre à laquelle impérissablement

On songe,

Et on lui dit, comme si elle était là : Tu vois,

Lui dit-on — ô très cher ange du Mensonge,

Comme je t'aime avant toutes, ô toi !

Ses cheveux l'aimaient tant et tant,

La blonde au front blanc,

Qu'ils veillaient lorsqu'elle dormait.

On lui donna un ruban feu,

Mais ils brûlèrent tant et tant,

Les si blonds et jaloux cheveux,

Que le beau ruban parut blanc.

On lui donna un collier d'or,

Mais tant et tant ils se dorèrent

Que l'or ternit et devint vert.

Elle alla au bois une nuit,

Son amant y attendit,

Tant et tant qu'elle s'endormit :

Alors les cheveux s'éveillèrent,

Et si blonds dans la nuit qu'ils faisaient la lumière,

Ils glissèrent sans bruit

Et l'étranglèrent :

Mais à l'aube les cheveux clairs

Furent noirs comme des vipères...

Ils ont jeté trois pierres.

A leurs reflets dans l'eau,

Ils ont jeté trois pierres

Pour tuer leurs reflets :

L'eau s'est épanouie

En feux follets,

En bijoux, en pierreries,

En bagues et en bracelets,

Et puis elle s'est assoupie

Et les reflets ont reparu,

Et tous les trois, pris de folie

Devant leurs spectres revenus,

Ils ont tendu les mains

Pour saisir leurs âmes dans l'eau,

Et les âmes ont pris leurs mains

Et les ont emmenés dans l'eau :

Il y a trois cygnes sur l'eau.

C'est la petite fille pensive
Qui a croisé ses deux mains
Et qui a fermé les yeux
Pour entendre chanter son âme.

Sœur fragile des iris,
Elle se tient là si pâle,
Que peut-être elle est endormie
Au chant léger de son âme jolie.

Alors des cygnes nagent vers elle,
Les lis se mettent à pleurer,
La nuit n'ose plus s'en aller,
Et peut-être c'est qu'elle est morte.

Tout le ciel descend sur son cœur

Et les étoiles sur ses cheveux,

Et l'ombre met ses mains sur ses yeux :

Et si Jésus était là, il pleurerait.

Mon amant m'a baisée au cou

— J'ai vu trois roses —

Il m'a dit : Je suis fou

De ton cou de miel doux.

Mon amant m'a baisée aux yeux

— J'ai vu trois glaïeuls —

Il m'a dit : Je te veux

Nue en tes grands cheveux.

Mon amant m'a baisée aux lèvres

— J'ai vu trois iris —

Il m'a dit : J'ai la fièvre,

Elles brûlent, tes lèvres.

Mais il m'a baisée au cœur

— J'ai vu trois asphodèles —

Il m'a dit : Ton cœur m'a glacé,

Et il est trépassé.

Les trois filles allèrent danser au clair de lune,
La blonde, la châtaine et la brune.

Parut le Diable et leur dit :
Dansez pour moi cette nuit.

— Allez, nous n'aurons pas peur,
De danser pour vous, Monseigneur.

La première dansa
En levant les bras,

La seconde fit tournoyer ses cheveux,
Mais ce fut la troisième
Qui dansa le mieux.

Dit le Diable : Vous dansez si bien
Que vous reviendrez demain.

La nuit suivante elles dansèrent,
Bien d'autres nuits entières,
Devinrent trois sorcières :

Et quand on passe dans le bois,
On entend leurs voix.

Ils l'ont clouée par les mains
Au tronc d'un arbre,
Et ont passé leur chemin.

Le sang coula des deux mains
Goutte à goutte dans l'herbe
Jusqu'au chemin.

Des voleurs ont ramassé à pleines mains
Du corail et des perles roses
Dans le gazon du chemin.

L'enfant morte a levé ses deux mains
Sans effort malgré les chevilles,
Et s'en est allée sur le chemin.

Et alors des anges l'ont prise par les mains,

Toute diaphane dans la forêt sous la lune,

Et l'ont emmenée sur le chemin.

Mais le sang des petites mains

Fige des perles et des rubis roses

Inépuisablement sur le chemin.

En passant près de la fontaine,

Nous chantions à perdre haleine.

Mais elle s'est mise à pleurer,

Et nous nous sommes regardés,

Et tout le monde s'est tu :

« Fontaine, pourquoi pleures-tu ? »

« Je pleure comme une femme

Parce que je suis inféconde.

Je pleure comme tout le monde,

Parce que j'ai aussi une âme. »

Et nous qui faisions les fous,

Les larmes coulaient sur nos joues,

Et nous lui avons dit :

« Nos larmes aussi sont stériles,

Mais c'est pur et inutile

Peut-être comme le paradis... »

Je vois une chose blanche

Comme une robe qui se penche.

— Ce sont les cygnes, dors, m'ami.

Je vois une lumière folle

Comme une auréole.

— C'est la lune, dors, mon chéri.

Ma sœur, je vois des gouttes de sang

Comme une sueur d'agonisant !

— Ce sont les cerises du verger, mon cœur.

O je vois, ma sœur, des perles

Comme de grosses larmes !

— C'est mon collier, mon amour.

Je ne vois plus rien, j'ai peur...

Mais des lèvres touchent mon cœur :

C'est Jésus, c'est Jésus, ma sœur !

— Mon aimé, vas-tu mourir ?

Les amoureuses aux matelots
N'ont rien vu revenir sur l'eau.

S'en allèrent à la clairière
Où il y a une croix en pierre.

Ont dit au Jésus :
Nos amants sont perdus,
Faut nous les rendre.

Et le Jésus il leur a dit :
Ils sont si bien en Paradis !

Au Jésus elles ont dit :

C'était notre bouche leur paradis,

Notre paradis c'était leur bouche.

Nous resterons toute la nuit

A pleurer pour qu'enfin ça touche

Le bon Dieu de pitié

A qui est le monde entier.

Sont restées à deux genoux

Sur le calvaire, la nuit toute :

Il a passé tant de vent sur la route

Que le froid a gelé tout.

On les a emportées le matin,

Sur elles on a dit du latin,

La mer s'en moque et le vent aussi,

Y a les corbeaux qui en rient aussi :

Mais le Jésus du carrefour
Agonise avec plus d'amour,

Et la nuit, dans le ciel tremblant,
Il les regarde infiniment.

C'est la fillette aux yeux cernés

Avec son air étonné

Et ses trois frêles couronnes.

L'une de fraîche pimprenelle

L'autre de vigne en dentelle,

Dans la troisième une rose d'automne.

La pimprenelle est pour son âme,

La vigne est pour l'amuser.

La rose à qui voudra l'aimer.

— Beau chevalier, beau chevalier !

Mais il ne passe plus personne.

Et la fillette aux yeux cernés

A laissé tomber les couronnes.

Qu'est-ce qui brille? Une auberge?
Cela brille doux comme un cierge.

— La route est longue, bon pèlerin,
Il y a bien des détours au chemin.

Est-ce que c'est un cierge
Ou une chandelle d'auberge?

— Il faut faire encor bien du chemin
Avant de le savoir, bon pèlerin.

O Jésus! que ce soit une auberge!
Que m'importe, chandelle ou cierge?

— Va malgré tes pieds blessés, bon pèlerin,

Je t'accorderai de finir ton chemin.

Cela ne peut être qu'un cierge !

Oh ! il y a un clocher près de l'auberge !

— Ma maison est toujours bonne au bout du che-

Entre, repose-toi, bon pèlerin.   [min,

Jésus l'a reçu dans la suprême auberge,

Et l'on a chanté à la veillée autour du cierge.

O ma fille, ouvre la porte,

Il y a quelqu'un qui heurte !

— Je ne peux pas aller ouvrir,

Je lisse mes cheveux devant mon miroir.

Oh ! ouvre la porte. ma fille,

Il y a quelqu'un qui défaille !

— Je ne peux pas aller voir qui c'est,

Je mets des rubans à mon corset.

La porte, ô ma fille, ouvre !

Je suis vieux, j'ai les jambes lourdes...

— Je ne peux pas aller regarder,

Père, j'agrafe mes colliers.

Un homme peut-être est mort

Derrière la porte, au vent du dehors !

— S'il était beau, je l'aurais senti :

Mes seins n'ont pas tressailli.

J'ai perdu la clef de mon cœur,

Trois larmes ont voulu y tomber :

Larmes, mon cœur est fermé,

Tombez ailleurs que dans mon cœur.

> J'en ai fait trois bijoux
>
> Pour le collier de mon cou.

J'ai perdu la clef de mon cœur,

Trois gouttes de sang y ont voulu tomber :

Gouttes de sang, mon cœur est fermé,

Saignez ailleurs que dans mon cœur.

> Pour le collier de mon cou
>
> J'en ai fait trois bijoux.

J'ai perdu la clef de mon cœur,

Trois regrets y ont voulu tomber :

Regrets, mon cœur est fermé,

Allez vous lamenter ailleurs.

Mais eux sont devenus trois clefs,

Et dans mon cœur ils sont entrés.

Elle avait des lèvres de sang,
Et en baisant ses amants
Ses baisers les marquaient de sang.

Quand ses amants l'eurent honnie,
Elle se coucha dans la prairie,
Et baisa la terre fleurie.

Et ses lèvres en fleurs de sang,
Semèrent des fleurs dans les champs
Rouges comme du sang d'amant.

Et quand elle prit son miroir,
Et s'y baisa pour se mieux voir
Le miroir fut marqué de sang noir.

Et quand elle mordit le pain,

Le sang marqua sur le pain,

Et elle aima mieux avoir faim.

Mais quand elle mourut les anges,

L'ayant baisée sur sa bouche étrange,

Y marquèrent une croix blanche.

Elles passèrent devant la porte du fou

— A part la danse qu'importe ?

Et lui firent les yeux doux.

Il leur donna trois anneaux, le fou,

— A part les baisers qu'importe ?

De cheveux blonds, bruns et roux.

Elles les mirent à leurs doigts,

— A part les bijoux, qu'importe ?

Et s'en allèrent dans le bois.

L'anneau blond fit sortir des moutons,

— A part la bonté, qu'importe ?

Et ils errèrent à tâtons.

L'anneau brun fit sortir des écureuils,

— A part la grâce, qu'importe?

Et ils jouèrent dans les feuilles.

L'anneau roux fit sortir des loups,

— A part la mort, qu'importe?

Et les loups les mangèrent tous.

Les trois anneaux, blond, brun et roux,

— A part l'illusion, qu'importe?

Sont restés aux branches de houx.

Pourquoi des larmes dans vos yeux ?
— Des gouttes d'eau, Monseigneur :
En nous baignant toutes les deux
Nous nous en jetions dans les yeux.

Pourquoi du sang sur vos lèvres ?
— Du sang des fraises, Monseigneur :
Sous la feuillée, toutes les deux,
Nous en cueillions après le jeu.

Mais pourquoi vos voix tremblent-elles ?
— Ce sont des trilles, Monseigneur :
Nous imitons les tourterelles
Qui chantaient dans les venelles.

Mais pourquoi êtes-vous si pâles?

— Ah! vous le saurez, Monseigneur :

C'est d'avoir baisé les blessures

Des amants que tu as tués !

Et les oiseaux du songe
Au ciel d'éternité
Et leur aile de songe
Dont l'ombre se prolonge

Vers ma sérénité.

Aussi chantantes cloches
Du vieux pays quitté.
Dont leur son me rapproche
Quand le vent l'a porté

Vers ma sérénité.

Aussi brise des îles,

Odeur du bel été,

Dessus la mer tranquille

Voyageuse futile

Vers ma sérénité.

Encor chanson des larmes

Et du rire éclaté,

Bruits de joie et d'alarmes

Dans ce soir apportés

Vers ma sérénité.

Tout cela s'entremêle

Par vous, Dieu de bonté,

Comme au soir calme bêle

Une troupe d'agnelles

Vers ma sérénité.

Je vois sept lys qui ont pleuré,

Les roses n'ont pas été sages,

Je vois sept iris qui se sont fanés,

Et les tournesols ont mauvais visage.

Lys, pourquoi avez-vous pleuré ?

— Parce que ton cœur va mourir.

— Allez, allez, embaumez toujours

Pour ma couronne d'amour.

Roses, pourquoi n'avoir été sages ?

— Parce que tu vas pâlir.

— Allez, allez, c'est vous qui pâlirez

Quand mon amant j'embrasserai.

Iris, pourquoi êtes-vous fanés?

— Parce que tes yeux vont se flétrir.

— Allez, allez, fleurissez-vous

Comme mes yeux qui fleurent doux.

Et vous, et vous, tournesols d'or,

Pourquoi ce mauvais visage?

— C'est celui de ton ami mort

Que tu oublies avec un autre.

PASTEL

Ophélie avec les fleurs dans l'eau peureuse,

Les joncs, les nénufars, et l'iris gracile,

L'azur — parmi l'onde que la brise exile,

Ophélie aux froids yeux bleus, morte et heureuse,

Indolente, sans savoir, flotte en dérive

Avec ses yeux de pur myosotis, vagues

Un peu, fanés comme les anciennes bagues,

Ophélie, en l'aller calme de l'eau vive.

O qu'il est doux le crépuscule sur elle

A l'heure simple des clartés palliées,

Naïfs reflets d'anémones déliées

Et musique où du silence enfin se mêle !

D'un égal songe glauque de somnolence

Les iris aiment sourire à l'eau jolie,

— Elle ne peut attrister rien, Ophélie

Flottante vers le royaume du silence.

Vraiment dans la paix de la chaste nature

C'est une fleur harmonieuse et tremblante,

Et comme les feuilles elle s'en va lente

Sur l'eau berceuse de sa pâle aventure.

Ophélie aux froids yeux bleus, ô soir docile !

En ce soir les mouches d'eau sur les tigelles

Voltigent, pour voir les légers cheveux frêles

Souples autour du front de l'enfant fragile.

Et la tendre nuit dort sur le paysage

Parmi la tiédeur laiteuse de l'automne,

Sur le murmure où se berce monotone

Ophélie, et l'oubli doux de son visage.

PRIÈRES

Chrême idéal, pudeur annuelle des villes,
Alors que sur l'amas des hommes anxieux
Ton froid chaste dédie aux fécondités viles
La consécration oublieuse des cieux,

Mon cœur morne salue un retour de solstice
Ramenant ta candeur quiète de linceul
Sur l'agonie et tout le futur immondice
En une trêve où l'esprit clair triomphe seul !

Absolu nivelé sur la foule imprécise
Entrechoquant l'horreur de ses tristes vouloirs,
Tout le ciel pleut la renonciation exquise
Et le silence aux ors sacrilèges des soirs.

Seigneur, les âmes mortes sont redescendues
En pétales des purs vergers de vos palais :
Et leur rachat consacre aux stériles vendues
Un baume sororal pour leurs vêtements laids !

[ribles.
C'est l'auguste retour, Seigneur aux mains ter-
Des ailes qui montaient vers le ciel de vos yeux,
Et ces plumes avec les astres, à pleins cribles,
Du fond de l'Infini de glaces et de feux

Laissent choir le linceul de leur miséricorde
Sur le tumulte sourd de nos cœurs profanés,
Lin claustral où le vœu d'une absoute s'accorde,
Message doux des chrysanthèmes pardonnés !

Que mon âme ait l'orgueil du cygne et de la neige,
Que mon âme, Seigneur, soit de glace et de froid,
Pour, au jour où le vol de tout spectre s'allège,
Connaître la splendeur de l'aube sans effroi !

O Seigneur, sous nos pieds impurs ces âmes pâles !
C'est peut-être, Seigneur, une fange demain :
Le dégel pollué des mannes idéales
Inutilisera leur holocauste humain !

Dieu juste ! suspendez le temps avec le Rite
Fondeur des diamants chastes de nos délais,
Pour que triomphe aux feux stellaires de sa fuite
Notre âme au doux chemin du Baptême de Lait !

O larmes lentes sur les joues
Des pauvres fous,
O tremblement des vieilles mains
Tendues en le silence des chemins,
O douleur immense des prunelles
Vers les prunelles éternelles !

Pitié, cueilleuse,
Pitié aux mains tombantes
Pleines de pétales et tremblantes,
Pitié aux gestes purs,
Songeuse aux pierres de la route !

Avec ta main sur l'épaule de la Douleur

Dans un soir éternellement mauve,

Pitié aux yeux de grande sœur,

Pitié qui te tiens là pour attendre

Les désolés qui passeront...

Ils viendront vers ton voile en quelque crépuscule

Pour y faner leur âme nulle,

Ils viendront vers ton attente

Pour confesser leur agonie,

Ils viendront vers ta miséricorde

Et ta mélancolie !

Tu les verras avec leurs étendards en loques,

Avec le sang sur les haillons,

Avec l'or flétri des défroques,

Avec les débris des violons,

Avec la boue aux noirs sillons

De leurs habits tachés de rouge,

Galops fourbus et heurts d'essieux,

Lueurs de guerre et langueurs de bouges,

Crachant leur désespoir aux cieux

Avec leurs cœurs brûlants comme des roses rouges !

Et tu prendras pour les leur mettre sur le front

Toutes les pâles étoiles,

Et tu prendras pour leurs blessures

Tous les baumes des herbes folles,

Et tu mêleras à leurs sanglots

Tous les pleurs de tes prunelles,

Et tu berceras pour leur soif charnelle

Toute la chasteté fragile de tes mains !

Pitié assise au bord du chemin,

Pitié qui es triste comme les plis

De ta robe d'hyacinthe,

Pitié sainte,

Pitié fleur extraordinaire de la nuit,

Pitié qui n'es belle que comme toi-même,

Pudeur idéale du malheur,

Ton cœur, ton suave cœur,

Comme les roses tu le sèmes,

Tu l'effeuilles, tu le saignes,

Notre-Dame païenne du crépuscule,

O cueilleuse de chrysanthèmes !

Me voici debout comme une croix de chair dure,
Avec mes deux bras chargés de rébellions
Sur la route de mon passé, vent et froidure :
Et siffle un vol pesant de futurs talions.

Malgré ma face offrant à l'aube son stigmate,
Paysage humble où sont gelés les yeux stagnants,
Je sens qu'à mes cheveux toute une neige est mate
Que picore déjà la honte aux becs saignants.

La bise accroche à l'éventaire lamentable
De mes bras roides tout un lot de vieux péchés,
Et ma barbe est le chaume souillé d'une étable
Où les blasphèmes bestiaux se sont couchés.

Mes paumes recélant, au lieu de clous, deux lames,

Se pourprèrent aussi, Jésus, mais d'autres sangs :

Mes genoux sont calleux tels ceux des saintes femmes,

Mais pour s'être ployés aux torses des passants.

Indolent, j'emprisonne au panier de mes côtes

Un cœur, rouge épervier des colombes de paix :

Et je rôde alourdi d'un tel fardeau de fautes

Qu'il en chut aux halliers du vice où je rampais,

Et que, sûr, au jour du Clairon Dernier, leur nombre

Défiera le code du Seigneur irrité,

A l'heure où mes vieux os rebâtiront dans l'ombre

Le routier hâve en qui s'abrite ma fierté !

Mais je me lasse, enfin, de voir s'enfuir les ormes

Ironiques, et les grimaces du chemin :

Je fraternise avec des tristesses énormes

Et le pommeau de mon bâton brûle ma main.

Après la mare et les peupliers, c'est le coude
D'où rosit l'aube sur les bruyères, au loin ;
Oh ! que mes pieds, plongeant au terreau qui les
M'érigent immobile et durci dans ce coin ! [soude,

Je ne sais où voler à plus pleine besace,
La nourriture du péché quotidien :
O demeurer comme un tronc morne à cette place,
Sculpter en bois poudreux mon fantôme ancien !

Seigneur, peut-être suis-je, en ruine exemplaire,
Agneau, malgré l'ivraie où ma chair a brouté,
Assez humilié pour devenir calvaire,
Symbole, comme vous, de toute humilité.

Je désire vieillir dans le sable et la mousse,
Sous le cri des oiseaux, friands, eux, du bon grain,
Tendre au sentier crayeux mes bras en courbe
Pour que les égarés y pendent leur chagrin. [douce,

Et tourné vers cet Orient, azur et palmes,

Où s'absorbent des extatiques las des deuils,

Peut-être ainsi, parmi l'herbage et les cieux calmes,

Acquerrai-je l'entrée aux arceaux de Vos Seuils.

Préservez-moi, Seigneur, du vent de la colère
Qui flétrirait le pampre à mon jeune espalier,
Pour que fort d'un sang pur à pleine grappe claire,
Je recèle la bonne ivresse d'oublier.

Exaltant sous le ciel l'or de mon opulence,
Et roidi comme un cep vers l'Orient naïf,
Que les tièdes oiseaux du songe et du silence
S'en viennent vendanger mon suc dans le vent vif!

Ah! que je sois baisé de la clarté première,
Seigneur! et qu'ignorant le mur triste et poudreux
J'entrelace à ma treille un rêve de lumière
Éternelle comme le désir d'être heureux!

Familier de la musique de la brise,

Je veux, sur le penchant du verger lumineux,

Onduler au bruit doux de la querelle exquise

Des feuillages et des oiseaux frêles comme eux.

Je veux boire l'azur ingénu, l'air lucide

Et tout le savoureux arome de l'été

Pour sucrer de bonté ma saveur trop acide

Et m'adoucir des comètes d'éternité !

Je serai doux comme un poème, Seigneur calme,

Et le passant qui m'aura pris un soir amer

Ivre, resplendira comme un porteur de palme

En chancelant du rythme vaste de la mer !

Que ma vendange soit bonne, Seigneur, peut-être

Belle, si vous daignez que cela soit aussi,

Mais surtout qu'elle soit bonne et sans poison traître,

Naïve comme l'eau sous le ciel éclairci !

Que simple, et conscient du devoir pacifique,
J'orne mon fruit nouveau du sens prémédité
Pour balancer comme un prestige de musique
Le chant intérieur de ma fécondité !

Alors vienne le temps que, bois torse, j'élève,
Sur le vestige du beau délire ancien,
Mon sarment défeuillé pour attester le rêve
D'avoir été la vigne humble, selon le bien !

Et l'octobre rouillé dénudera la vigne
Sous le ciel terne et sous les grands vols orageux,
Et tout s'accomplira selon le juste signe,
Seigneur ! et selon l'ordre étrange de vos yeux !

TABLE

—

HISTORIETTES AU CRÉPUSCULE.

PRIÈRES.

TOURS

IMPRIMERIE DESLIS FRÈRES

6, rue Gambetta, 6

www.ingramcontent.com/pod-product-compliance
Ingram Content Group UK Ltd.
Pitfield, Milton Keynes, MK11 3LW, UK
UKHW021110220726
13924UKWH00004B/1626